escuela - ښوونځی   2

viaje - سفر   5

transporte - ټرانسپورټ   8

ciudad - ښار   10

paisaje - منظره   14

restaurante - ریستورانت   17

supermercado - لوی پلورنځی   20

bebida - څښاک   22

comida - خواړه   23

granja - کرونده   27

casa - کور   31

cuarto de estar - د اوسیدو خونه   33

cocina - پخلنځی   35

cuarto de baño - حمام   38

cuarto de los niños - د ماشوم خونه   42

vestimenta - پوښاک   44

oficina - دفتر   49

economía - اقتصاد   51

ocupaciones - مسلکونه   53

herramientas - لوازم   56

instrumentos musicales - د میوزیک آلات   57

zoológico - ژوبڼ   59

deporte - ورزش   62

actividades - فعالیتونه   63

familia - کورنی   67

cuerpo - بدن   68

hospital - روغتون   72

emergencia - عاجل   76

Tierra - ځمکه   77

reloj - ساعت   79

semana - اونی   80

año - کال   81

formas - شکلونه   83

colores - رنګونه   84

opuestos - متضاد   85

números - شمیری   88

idiomas - ژبی   90

quién / qué / cómo - څوک/څه/څنګه   91

donde - چیري   92

Impressum
Verlag: BABADADA GmbH, Nedderfeld 112 , 22529 Hamburg
Geschäftsführer / Verlagsleitung: Harald Hof
Druck: Books on Demand GmbH, In de Tarpen 42, 22848 Norderstedt

Imprint
Publisher: BABADADA GmbH, Nedderfeld 112 , 22529 Hamburg, Germany
Managing Director / Publishing direction: Harald Hof
Print: Books on Demand GmbH, In de Tarpen 42, 22848 Norderstedt, Germany

escuela

ښوونځی

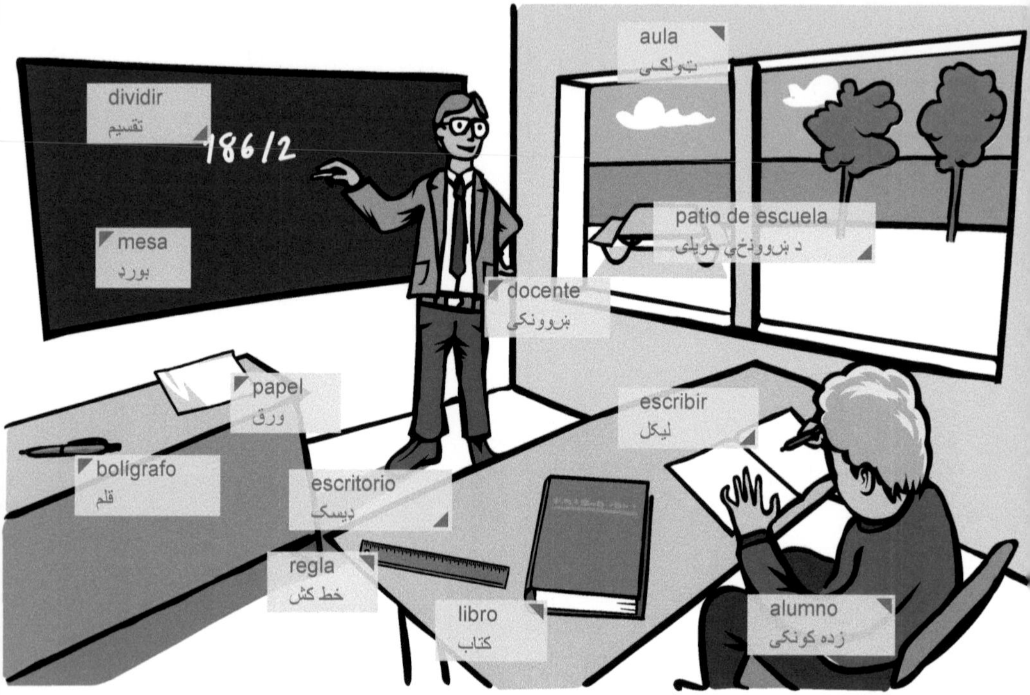
aula
ټولګی
dividir
تقسیم
186/2
mesa
بورډ
patio de escuela
د ښوونځي حویلی
docente
ښوونکی
papel
ورق
escribir
لیکل
bolígrafo
قلم
escritorio
ډیسک
regla
خط کش
libro
کتاب
alumno
زده کونکی

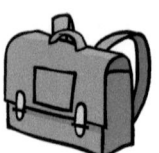

mochila escolar

کڅوړه

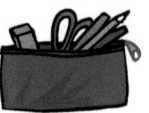

caja de lápices

د پنسل بکسه

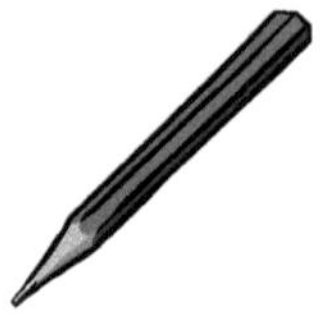

lápiz

پنسل

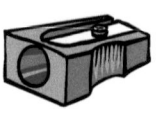

sacapuntas

پنسل تراش

goma de borrar

ربړ

bloc de dibujo

د رسامۍ پاڼه

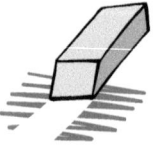

dibujo

رسامي

pincel

د نقاشۍ برس

caja de pinturas

د نقاشۍ بکس

tijera

قيچي

pegamento

سريښ

libro de ejercicios

د تمرين کتاب

tarea

کورنۍ دنده

número

شمير

sumar

جمع

restar

منفي

multiplicar

ضرب

calcular

حساب

A

letra

توری

ABCDEFG HIJKLMN OPQRSTU VWXYZ

alfabeto

الفبا

hello

palabra

کلمه

texto

متن

leer

لوستل

tiza

تباشير

lección

درس

libro de clase

راجستر

examen

ازموينه

certificado

تصديق پاڼه

uniforme escolar

د ښوونځي يونيفارم

educación

تعليم

enciclopedia

دايره المعارف

universidad

پوهنتون

microscopio

مايكروسكوپ

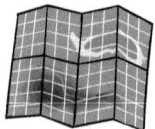

mapa

نقشه

cesto de papeles

اشغالدانى

viaje
سفر

hotel
هوټل
Grand
albergue
ليليه
ROOMS
casa de cambio
د اسعارو د تبادلې دفتر
maleta
بکس
auto
موټر

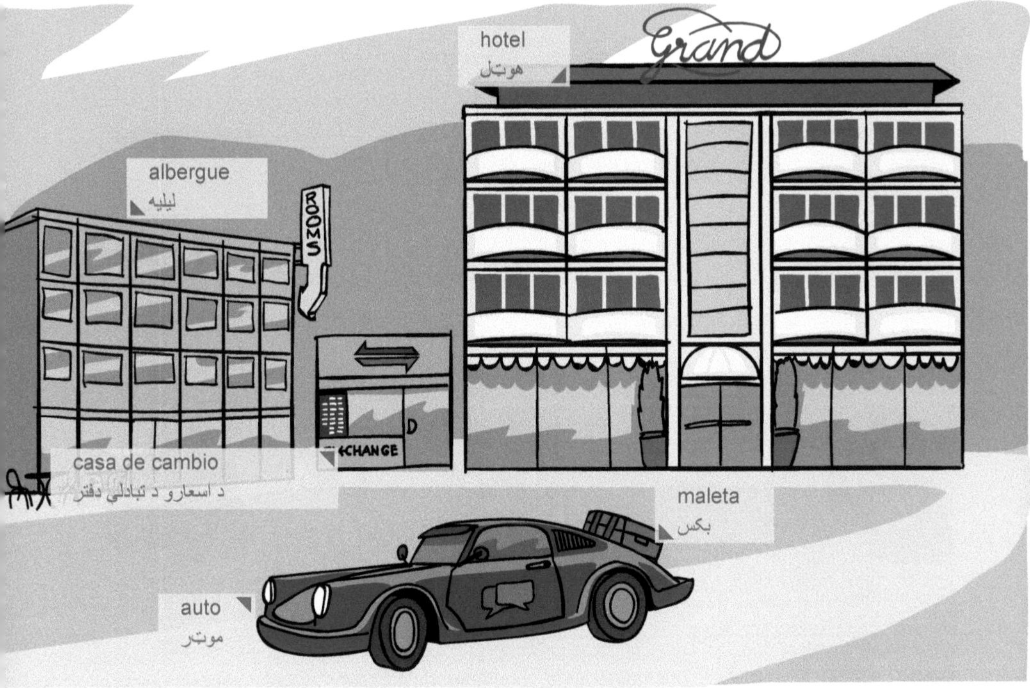

idioma
ژبه

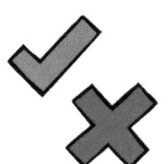

sí / no
هو/نه

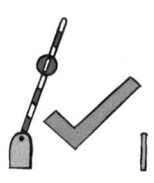

ok
سمه ده

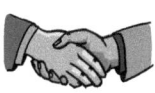

hola
سلام

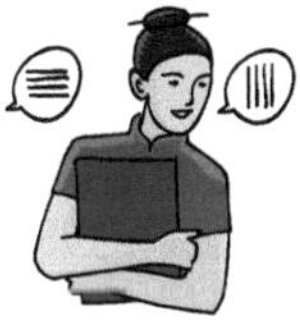

intérprete
ژباړونکی

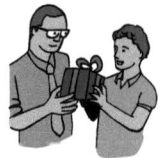

gracias
مننه

¿Cuánto cuesta…?

څومره دي...؟

No entiendo

زه نه پوهیږم

problema

ستونزه

¡Buenas tardes!

ماښام مو پخیر!

¡Buenos días!

سهار په خیر!

¡Buenas noches!

شپه په خیر!

adiós

په مخه مو ښه

dirección

لاربرود

equipaje

سامان

bolso

بیگ

mochila

شاتنی بکس

invitado

میلمه

cuarto

خونه

saco de dormir

د خوب کڅوړه

tienda de campaña

خیمه

información al turista

د توریزم معلومات

playa

ساحل

tarjeta de crédito

کریډیټ کارت

desayuno

ناری

almuerzo

د غرمی خواړه

cena

د شپې خواړه

pasaje

ټیکټ

ascensor

لفټ

sello

مهر

límite

پوله

aduana

ګمرک

embajada

سفارت

visa

ویزه

pasaporte

پاسپورټ

avión
ﺍﻟﻮﺗﮑﻪ

barco
ﺑﯧﺮﯼ

coche de bomberos
ﺩ ﺍﻭﺭ ﻣﺎﺷﯿﻦ

bus
ﺑﺲ

camión
ﺗﺮﮎ

lancha a motor
ﻣﻮﺗﺮﮐﺒﻨﺘﯽ

bicicleta
ﺑﺎﯾﮏ

auto
ﻣﻮﺗﺮ

balsa
....
ﮐﺒﻨﺘﯽ

lancha
....
ﮐﺒﻨﺘﯽ

motocicleta
....
ﻣﻮﺗﺮﺳﺎﯾﮑﻞ

auto de policía
....
ﺩ ﭘﻮﻟﯿﺴﻮ ﻣﻮﺗﺮ

auto de carreras
....
ﺩ ﺭﯾﺲ ﻣﻮﺗﺮ

auto de alquiler
....
ﮐﺮﺍﯾﯽ ﻣﻮﺗﺮ

alquiler de autos

د کرايه موټري

grúa

جرثقيل لرونکی ټرک

vehículo recolector de basura

ريفيوز ټرک

motor

موټر

gasolina

سونگ توکي

gasolinera

پټرول سټيشن

señal de tráfico

ترافيکي نښه

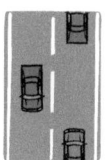

tránsito

ترافيک

atasco

جام ترافيک

estacionamiento

د موټرو ځمځای

estación de tren

د ريل سټيشن

carril

پانتکي

tren

ريل

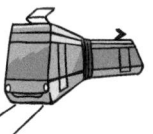

tranvía

ټرام

vagón

واگون

helicóptero

چورلکه

aeropuerto

هوايي ډگر

torre

برج

pasajero

مسافر

contenedor

کانتينر

caja de cartón

کارتون

carro

کارټ

cesta

ټوکرۍ

despegar / aterrizar

الوتنه کول/کېنیناستل

ciudad

ښار

aldea

کلی

centro de la ciudad

د ښار مرکز

casa

کور

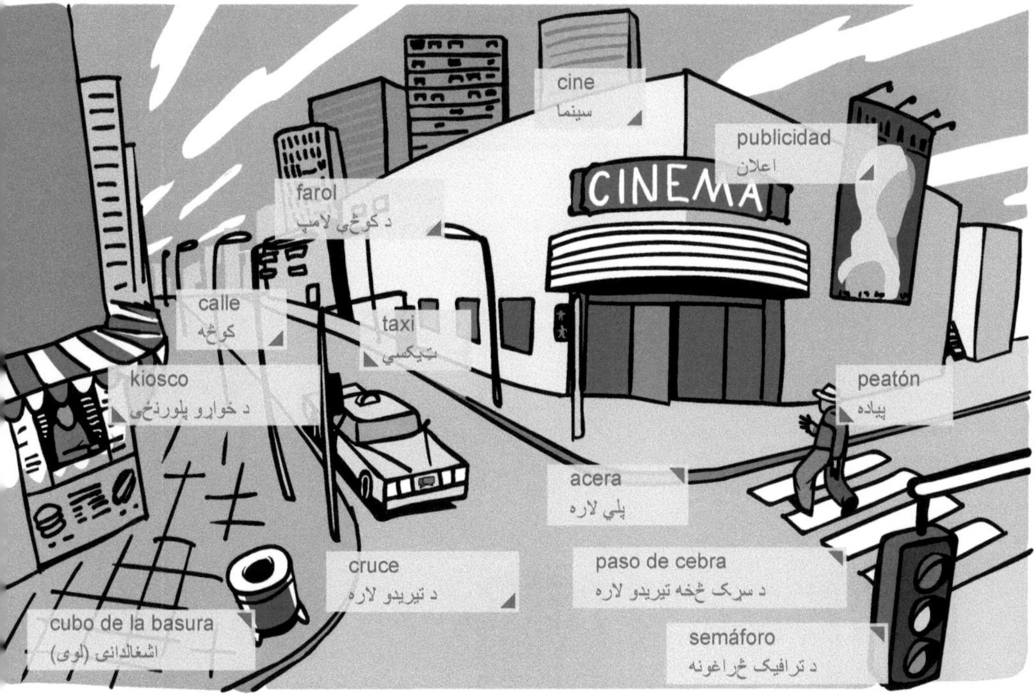

cine
سینما

publicidad
اعلان

farol
د کوڅې لامپ

CINEMA

calle
کوڅه

taxi
ټیکسي

peatón
پیاده

kiosco
د خوارو پلورنځی

acera
پلي لاره

cruce
د تیریدو لاره

paso de cebra
د سرک څخه تیریدو لاره

cubo de la basura
اشغالدانی (لوی)

semáforo
د ترافیک څراغونه

cabaña
کودله

apartamento
اپارتمان

estación de tren
د ریل ستیشن

ayuntamiento
ټاون هال

museo
میوزیم

escuela
ښوونځی

universidad

پوهنتون

banco

بانک

hospital

روغتون

hotel

هوټل

farmacia

درملتون

oficina

دفتر

librería

کتاب پلورنځی

negocio

پلورنځی

florería

د ګلانو پلورنځی

supermercado

لوی پلورنځی

mercado

مارکیټ

grandes almacenes

د ډيپارټمنټ سټور

pescadería

کب پلورنځی

centro comercial

د پلور مرکز

puerto

لنګرتون

parque

پارک

banco

بینچ

puente

پل

escalera

زینه

metro

د خُمکي لاندي

túnel

تونل

parada de autobuses

بس تمځای

bar

بار

restaurante

ریستورانت

buzón de correo

پوست بکس

letrero

د کوڅي نښه

parquímetro

د پارک کولو میټر

zoológico

ژوبڼ

piscina

د لامبو حوض

mezquita

مسجد

granja

کرونده

polución

ناپاکي

cementerio

هدیره

iglesia

چرچ

parque infantil

د لوبو ډګر

templo

معبد/کلیسا

paisaje

منظره

hoja
پاڼه

indicador de camino
د لارښوونې نښه

sendero
لاره

pradera
چمن

piedra
کاڼی

árbol
ونه

caminante
هیکر

río
سیند

pasto
واښه

flor
ګل

valle

دره

montaña

غوندی

lago

ناور

bosque

جُنگل

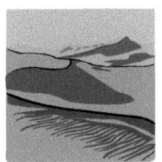

desierto

دشته

volcán

اورشیندی

castillo

کلا

arco iris

رنگین کمان

seta

مرخيري

palmera

پلم ونه

mosquito

ماشي

mosca

الوتل

hormiga

میږی

abeja

مچۍ

araña

غوندۍ/جولا

escarabajo

کونگکت

rana

چونگبره

ardilla

نولی

erizo

زیرکی

liebre

سوی

lechuza

کونک

pájaro

مرغی

cisne

قازه

jabalí

نرخوگ

ciervo

هوسی

alce

گاوزه

embalse

بند

aerogenerador

بادي توربين

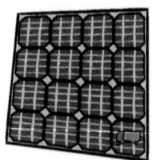

módulo solar

سولر تختي

clima

اقليم

restaurante

ریسټورانټ

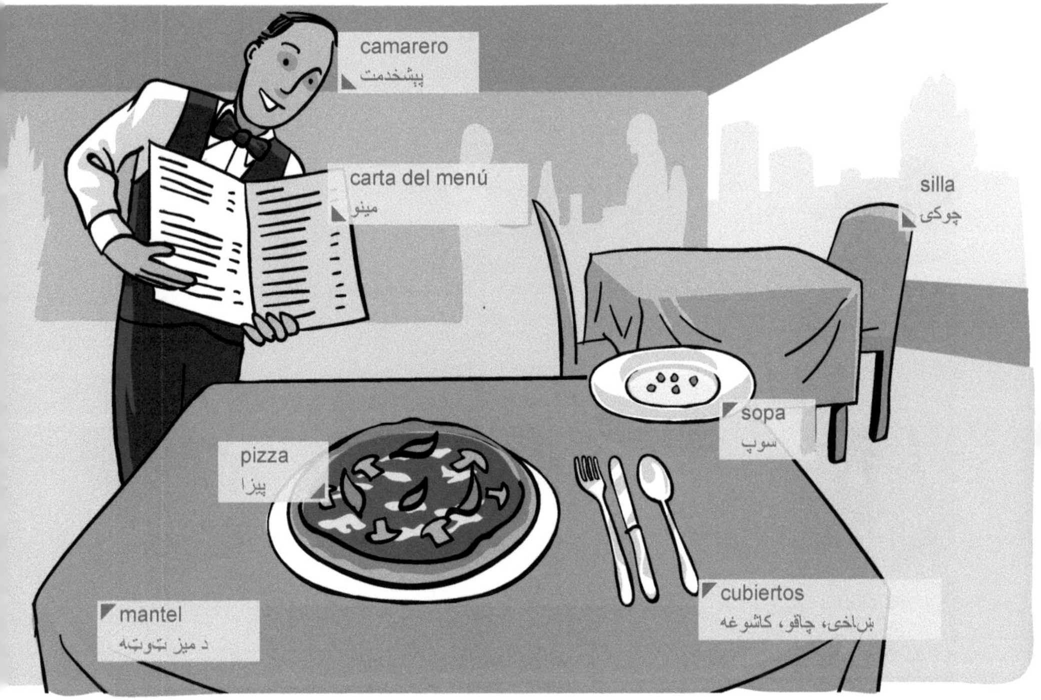

camarero
پیشخدمت
carta del menú
مینو
silla
چوکۍ
sopa
سوپ
pizza
پیزا
mantel
د میز ټوټه
cubiertos
ښاخۍ، چاقو، کاشوغه

entrada
سټارټر

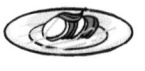

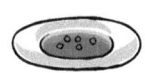

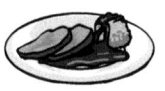

plato principal
اصلي خواړه

postre
شیریني

bebida
څښاک

comida
خواړه

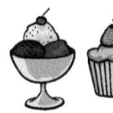

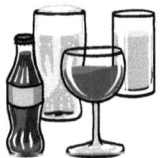

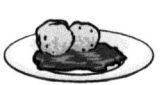

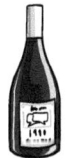

botella
بوتل

comida rápida

فاسټ فوډ

comida callejera

د کوڅي خواړه

tetera

چای جوش

azucarera

قندانی

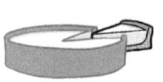

porción

برخه

máquina de espresso

اسپرسو مشین

silla alta

لوړه چوکی

factura

رسید

bandeja

مجمه

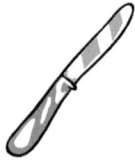

cuchillo

چاکو

tenedor

پنجه

cuchara

قاشق

cuchara de té

چای قاشق

servilleta

سورويت

vaso

ګلاس

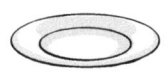

plato

پلیټ

plato de sopa

د سوپ پلیټ

platillo

نالبکی

salsa

ساس

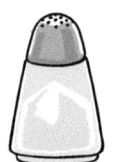

salero

مالګه شیندونکی

molinillo para pimienta

د مرچ ټنکولو لوخی

vinagre

سرکه

aceite

غوړي

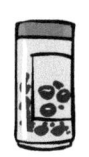

especias

مساله

ketchup

کچ اپ

mostaza

شرشم

mayonesa

چکه

oferta
خانګری وراندیز

cliente
پیرودونکی

productos lácteos
لبنیات

FOR

fruta
میوه

carrito de compras
لاسي ګرځ

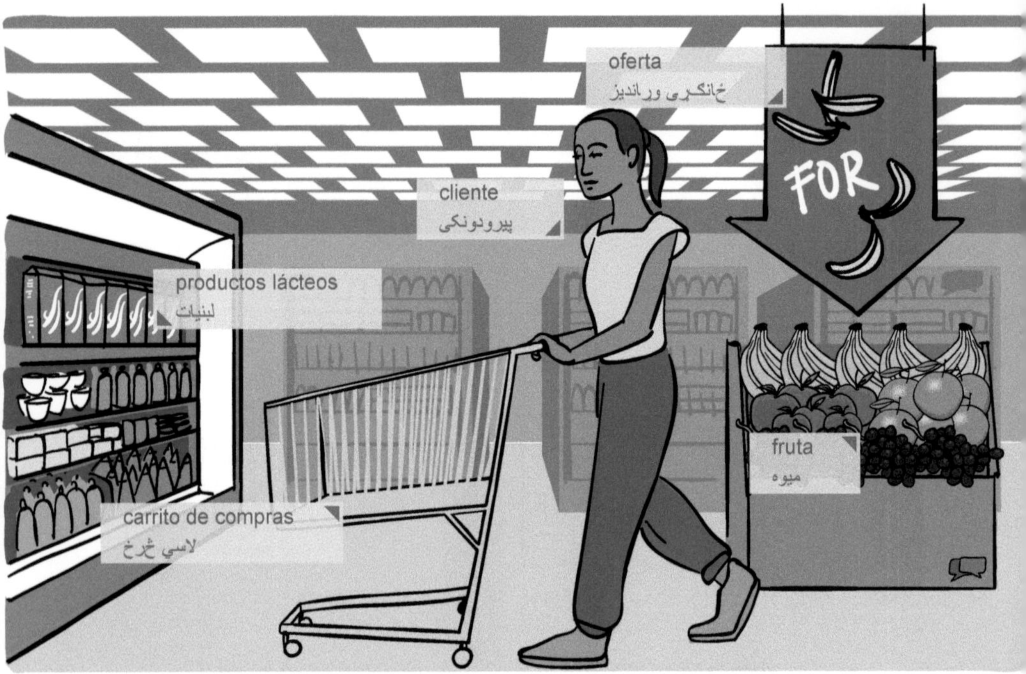

carnicería

قصابي

panadería

نانوایی

pesar

وزن کول

verdura

سبزیجات

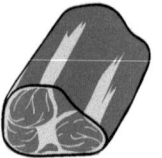

carne

غوښه

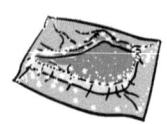

alimentos congelados

کنګل خواره

fiambre

یخه غوښه

conservas

کنسروا خواره

detergente en polvo

د مینځلو پودر

dulces

شیریني

artículos domésticos

کورني تولیدات

productos de limpieza

د پاکولو محصولات

vendedora

د پلور فرد

caja

د نغدي راجستر

cajero

صراف

lista de compras

د پیرود لیست

horario de atención

کاري ساعتونه

cartera

بټوه

tarjeta de crédito

کریډیټ کارت

maleta

کڅوړه

bolsa plástica

پلاستیک کڅوړه

agua

اوبه

jugo

جوس

leche

شیده

refresco de cola

کوک

vino

واین

cerveza

بیر

alcohol

الکول

cacao

ککاو

té

چای

café

کافي

espresso

اسپرسو

cappuccino

کپچینو

banana

كيله

manzana

منه

naranja

نارنج

sandía

هندوانه

limón

ليمو

zanahoria

گازره

ajo

هوږه

bambú

بانكس

cebolla

پياز

seta

مرخيړي

nueces

چغزى

fideos

آش

espagueti

سپیگتي

arroz

وریجي

ensalada

سلاد

patatas fritas

چپس

patatas salteadas

سره کړي کچالو

pizza

پیزا

hamburguesa

همبرگر

sándwich

ساندویچ

escalope

کتره

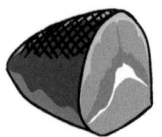

jamón

د پتون غوښه

salame

سلمي

embutido

ساسج

pollo

چرگ

asado

روست

pescado

کب

copos de avena

د وربشي شيريني

musli

موسلي

copos de maíz tostado

د جوار پلی

harina

اوړه

croissant

کروسانت

panecillo

د ډوډۍ رول

pan

ډوډۍ

tostada

ټوسټ

galletas

بسکیټ

mantequilla

کوچ

cuajada

چکه

pastel

کیک

huevo

هګۍ

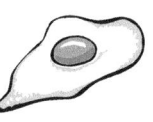

huevo frito

پېنۍ هګۍ

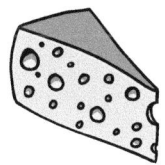

queso

پنیر

helado

آيس كريم

azúcar

بوره

miel

شهد

mermelada

مربا

praliné

نوگات کریم

curry

کورکمان

granja

کرونده

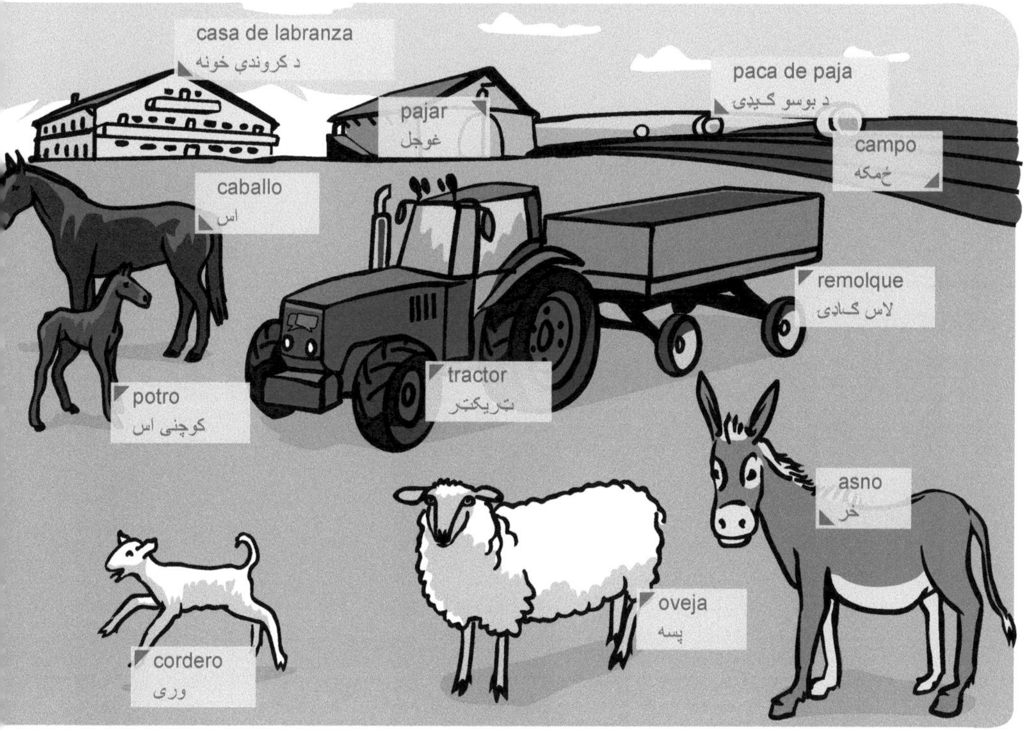
casa de labranza
د کروندي خونه
paca de paja
د بوسو گیدی
pajar
غوجل
campo
ځمکه
caballo
اس
remolque
لاس گادی
tractor
تریکتر
potro
کوچنی اس
asno
خر
oveja
پسه
cordero
وری

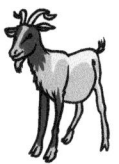

cabra

وزه

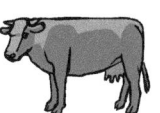

vaca

غوا

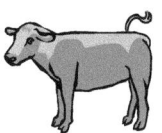

ternero

خوسکی

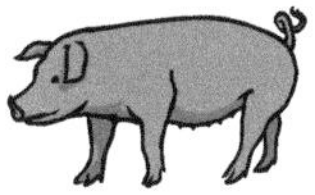

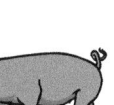

cerdo

خوگ

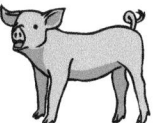

lechón

د خوگ بچی

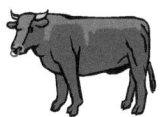

toro

غویی

ganso

بتـه

pato

هيلـى

polluelo

چرگـوری

pollo

چرگـه

gallo

بانگـي

rata

سـارای مـوږک

gato

پيشـک

ratón

مـوږک

buey

غـوايـی

perro

سپـی

caseta del perro

د سپـي خونـه

manguera de riego

د بـاغ هـوز

regadera

د اوبـو لـوخـی

guadaña

لـور (داس)

arado

يـوی

hoz

لور

azada

رمبی

bieldo

بپاخی

hacha

تبر

carretilla

کراچی

abrevadero

ناوه

lechera

د شيدو لوخی

saco

جوال

cerca

کټاره

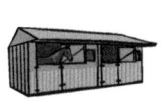

establo

مضبوط

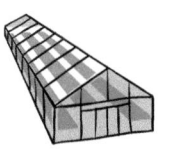

invernadero

شنه خونه

suelo

خاوره

semilla

تخم

fertilizante

سره/کود

cosechadora

کـد ريبونکی ماشين

cosechar

زیرمه کول

cosecha

درمند

raíz de ñame

خواړه کچالو

trigo

غنم

soja

سویا

patata

کچالو

maíz

جوار

colza

نباتي تخم

Árbol frutal

د میوی ونه

mandioca

مانیوک

cereales

غله

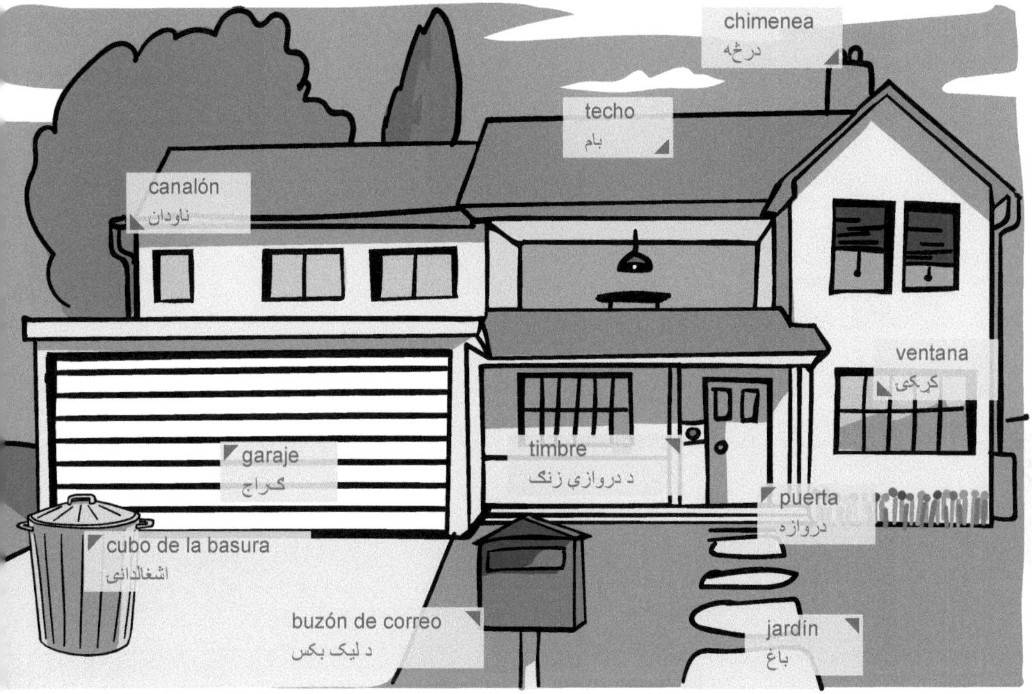

chimenea
درغه

techo
بام

canalón
ناودان

ventana
کرکۍ

garaje
کراج

timbre
د دروازي زنګ

puerta
دروازه

cubo de la basura
اشغالدائی

buzón de correo
د لیک بکس

jardín
باغ

cuarto de estar
د اوسیدو خونه

cuarto de baño
حمام

cocina
پخلنځی

dormitorio
د ویده کیدو خونه

cuarto de los niños
د ماشوم خونه

comedor
د خوارو خونه

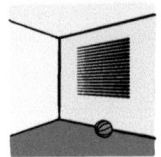

piso

فرش

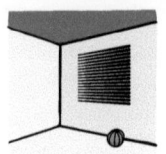

pared

ديوال

cielorraso

چت

sótano

زيرخانه

sauna

سونا

balcón

بالكوني

terraza

تراس

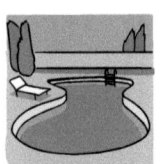

piscina

حوض

cortacésped

د چمن وهلو ماشين

funda nórdica

شيت

edredón

روجايي

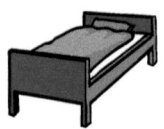

cama

تخت

escoba

جارو

cubo

بوكه

interruptor

سويچ

cuarto de estar

د اوسیدو خونه

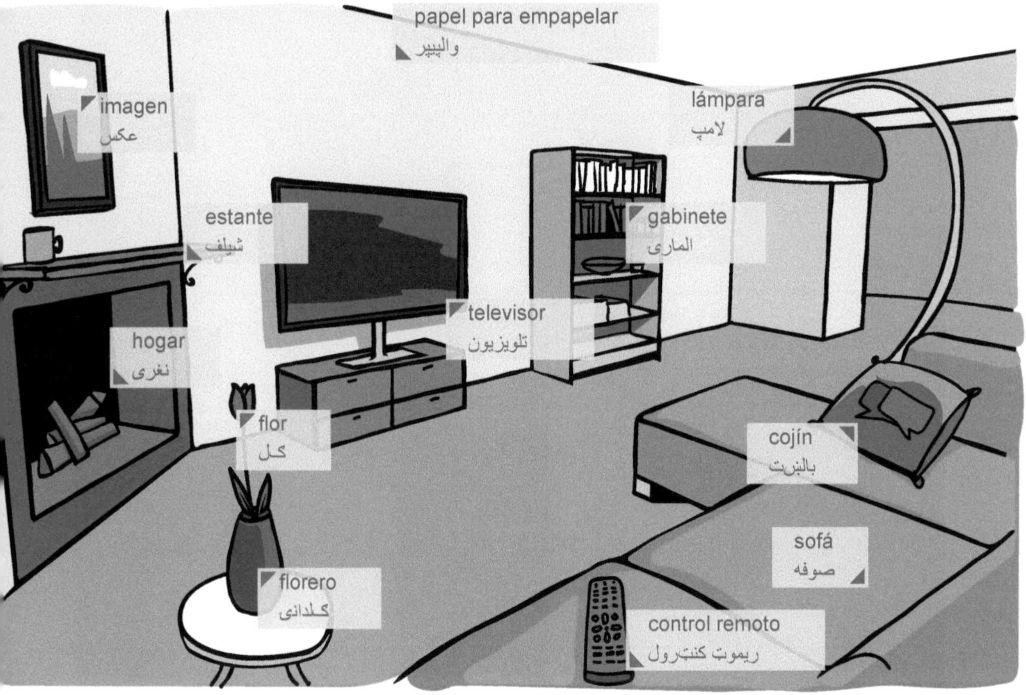

papel para empapelar
والپیپر
imagen
عکس
lámpara
لامپ
estante
شیلف
gabinete
الماری
televisor
تلویزیون
hogar
نغری
flor
ګل
cojín
بالښت
sofá
صوفه
florero
ګلدانی
control remoto
ریموټ کنټرول

alfombra

غالۍ

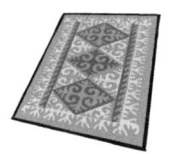

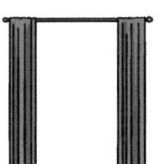

cortina

پرده

mesa

میز

silla

چوکۍ

mecedora

تاویدونکي چوکۍ

sillón

بازو لرونکی چوکۍ

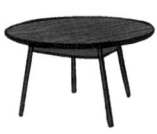

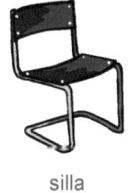

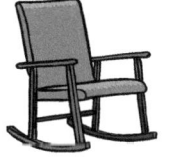

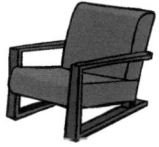

libro

كتاب

frazada

كمپل

decoración

ديكوريشن

leña

د اور لرګـي

film

فلم

equipo estereofónico

هايفاى

llave

كلـي

periódico

ورځپاڼـه

cuadro

نقاشي

póster

پوسټر

radio

راديو

bloc de notas

كتابچـه

aspiradora

واكيوم جارو

cactus

كاكتوس

vela

شمع

cocina
پخلنځی

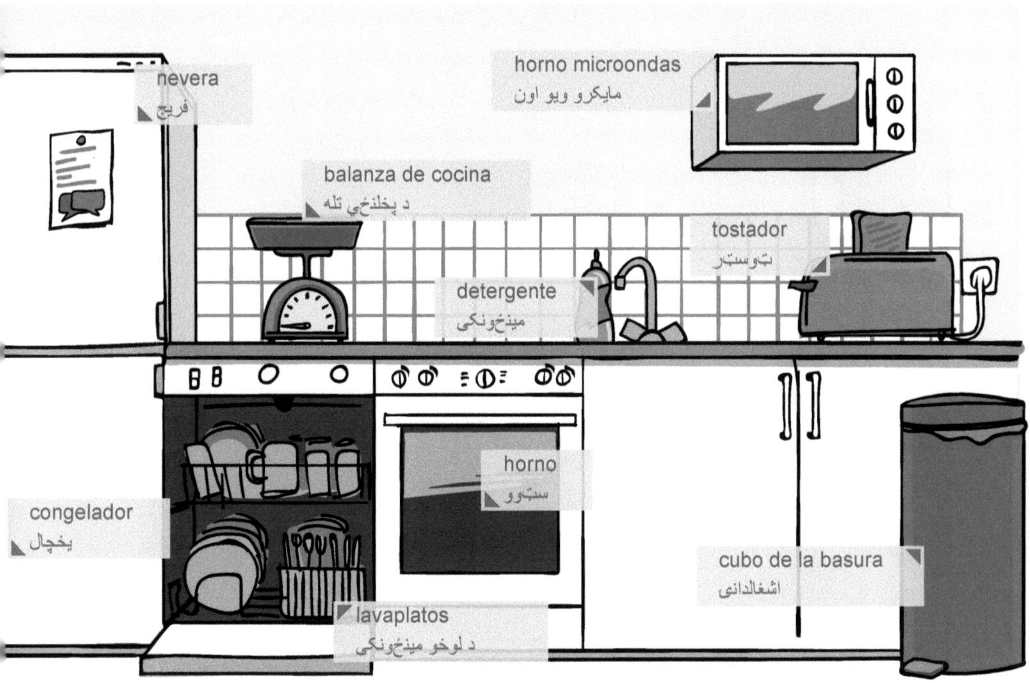

nevera
فریج
horno microondas
مایکرو ویو اون
balanza de cocina
د پخلنځي تله
tostador
ټوسټر
detergente
مینځونکی
horno
سټوو
congelador
یخچال
cubo de la basura
اشغالدانی
lavaplatos
د لوخو مینځونکی

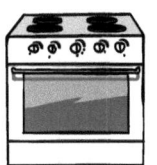

cocina

دیگ بخار

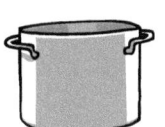

olla

لوخی

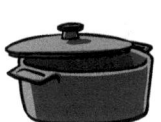

olla de fundición de hierro

چدني لوخی

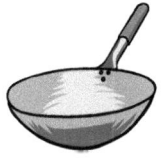

wok / kadai

ووک

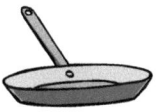

sartén

د تلي په

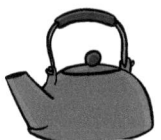

hervidor de agua

چای جوش

olla de vapor

د بخار ديگ

bandeja de horno

پتنوس

vajilla

لوخي

vaso

مگ

bol

كاسه

palillos para comer

د رانيولو اوزار

cucharón de sopa

ټهمخﻯ

espátula

كفگير

batidor

پاكونكﻯ

colador

صافي

cedazo

غلبيل

rallador

كريتر

mortero

اونگ

parrillada

بار بي كيو

fogata

خلاص اور

tabla de picar

تخته

rodillo

هوارونکی

sacacorchos

کارک سکریو

lata

نټيم

abrelatas

د نټيم خلاصونکی

agarrador

د لوخي نټونټه

fregadero

ظرف شوی

cepillo

برس

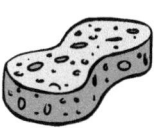

esponja

سپنج

batidora

بلیندر

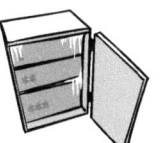

arcón congelador

ژور یخچال

biberón

د ماشوم بوتل

grifo

نل

cuarto de baño

حمام

ducha
شاور
calefacción
تودول
toalla
جان پاک
cortina para ducha
د شاور پرده
baño de espuma
ببل حمام
bañera
د حمام ټب
vaso
ګلاس
lavadora
د مينځلو مشين
grifo
نل
baldosa
ټايلونه
orinal
يو ډول كمود
fregadero
ظرف شوى

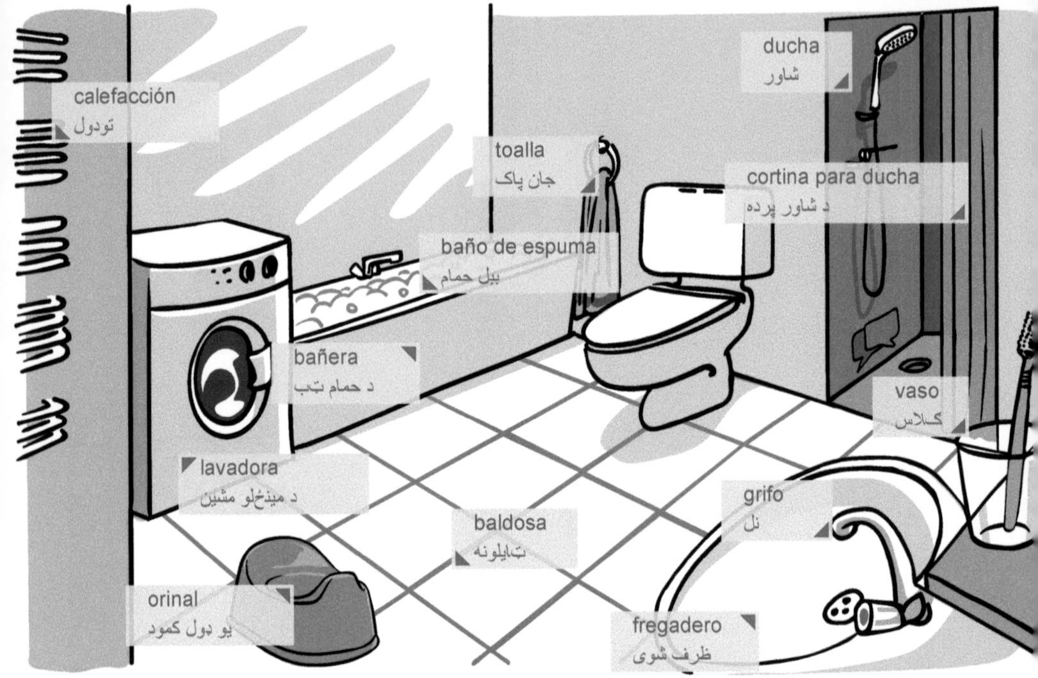

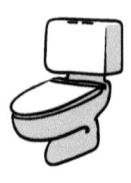

cuarto de baño

تشناب

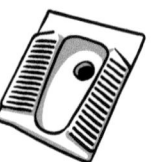

placa turca

فرشي كمود

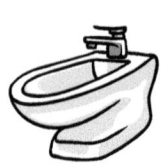

bidé

كمود

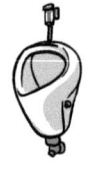

urinario

د متيازو ځای

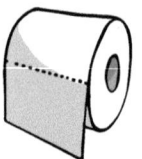

papel higiénico

تشناب كاغذ

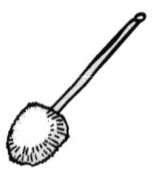

escobilla para el cuarto de baño

د تشناب برس

cepillo de dientes

د غاښونو برس

pasta dentífrica

د غاښونو کريم

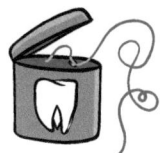

seda dental

د غاښونو نخ

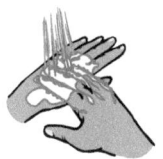

lavar

مينځل

ducha teléfono

لاسي شاور

ducha higiénica

دوش

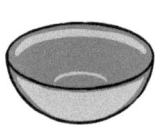

cuenco

خانک

cepillo para la espalda

د شا برس

jabón

صابون

gel de ducha

د شاور ژل

champú

شامپو

manopla para baño

فلانل جامه

desagüe

وچول

crema

کريم

desodorante

سپری

espejo

آئینه

espejo de maquillaje

لاسي آئینه

máquina de afeitar

ریزر

espuma de afeitar

د خریلو فوم

loción para después del afeitado

د خریلو وروسته

peine

ږمنځ

cepillo

برس

secador para cabello

د ویښتانو وچونکی

laca de peinado

د ویښتانو سپری

maquillaje

میک اپ

lápiz labial

لیپ ستیک

laca para uñas

د نوکانو پالش

algodón

کاتن وری

tijera para uñas

ناخن گیر

perfume

عطر

neceser

د مينځلو كڅوړه

taburete

سټول

balanza

د وزن كولو تله

bata de baño

د حمام پوښاک

guantes de goma

د ربر دستكش

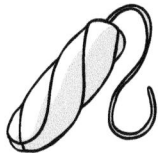

tampón

تامپون

compresa

صحيی جان پاک

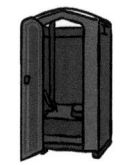

wáter químico

كيميكل تشناب

cuarto de los niños

د ماشوم خونه

despertador
د الارم ساعت
animal de peluche
د لوبو وسایل
auto de juguete
د نانځکي موټر
sonajero
ریټل
casa de muñecas
د نانځکو خونه
obsequio
ډالۍ

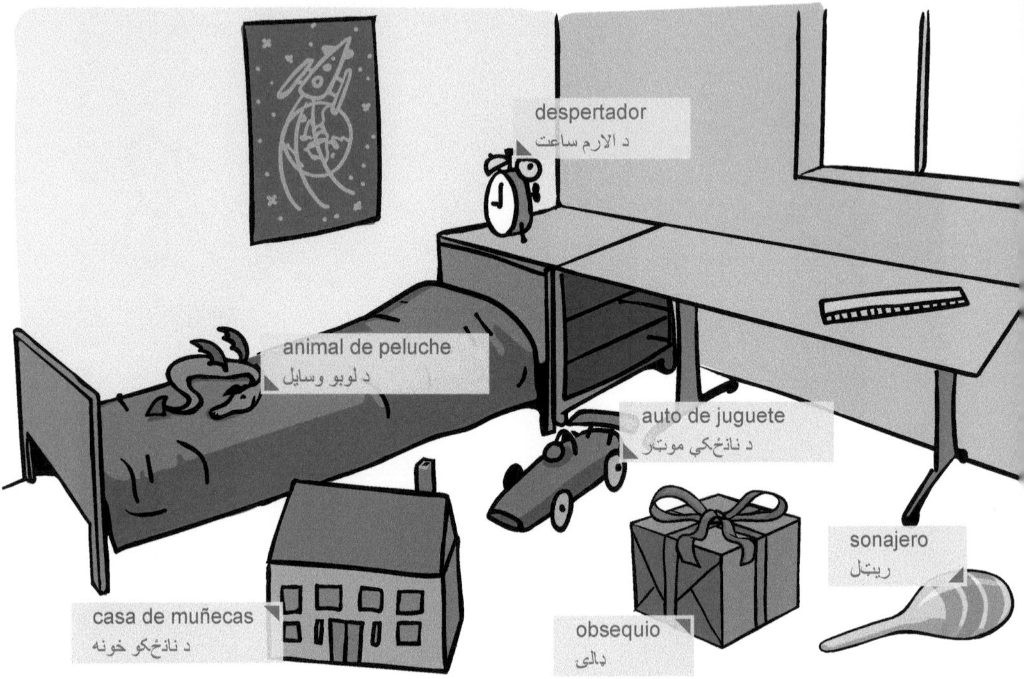

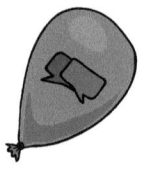

globo

بالون

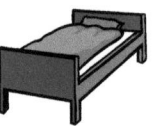

cama

تخت

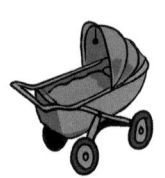

cochecito para niños

کالسکه

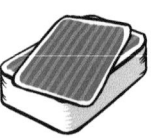

juego de barajas

د لوبو ورقي

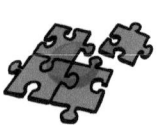

rompecabezas

جیکسا

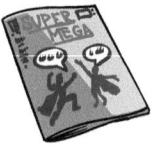

cómic

مسخره

piezas de Lego

ليګو بريک

bloques para jugar

د ناڼخكو بلاک

figura de acción

د اكشن فيګور

pijama de una pieza

د ماشوم پوښاک

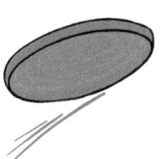

frisbee

فريزبي

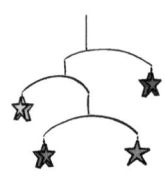

móvil

موبايل

juego de mesa

بورډ لوبه

dado

تاس

tren eléctrico a escala

مادل ريل سيټ

chupete

كونګشى

fiesta

پارټي

libro de dibujos

د عكسونو البوم

pelota

بال

títere

ناڼخكه

jugar

لوبيدل

arenero

د شګو کنده

columpio

سوینګ

juguetes

نانځکي

consola de videojuego

د ویډیو لوبو کنسول

triciclo

نترای سایکل

osito de peluche

ګوډبکه

guardarropa

د کالو الماری

vestimenta

پوښاک

calcetines

جرابي

medias

لوري جرابي

panti

تایټس

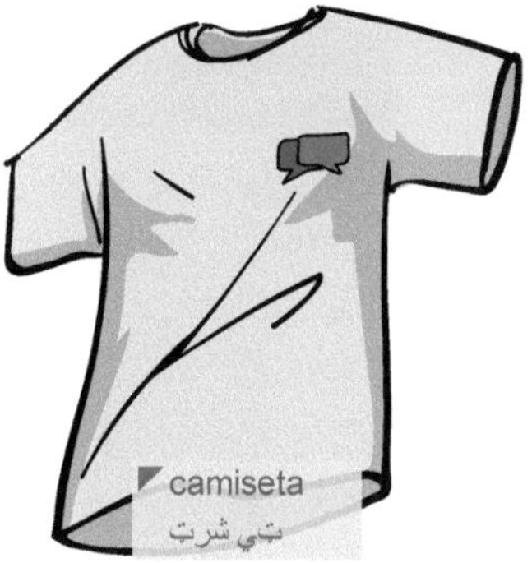

chal
چروكی

paraguas
چتری

cinturón
كمربند

camiseta
ټي شرت

botas
بوټان

zapatilla
سلپر

deportivas
سنيكر

sandalias

سينډل

zapatos

بوټان

botas de goma

د ربر بوټان

ropa interior
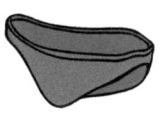
زيرنيكري

corpiño

سينه بند

camiseta

واسكټ

body

بادي

pantalón

پتلون

jeans

جینز

falda

لمن

blusa

بلاوز

camisa

ثرت

pullover

بنیان

sweater

سویتر

blazer

بلیزر

chaqueta

جاکت

abrigo

کوت

impermeable

د باران کوت

traje chaqueta

پوښاک

vestido

کالي

vestido de bodas

د واده پوښاک

traje

دريشي

camisón

د ښپي پوښاک

pijama

پاجامه

sari

ساړي

pañuelo de cabeza

لوپته

turbante

پټکی

burka

برقه

caftán

كفتن

abaya

عبا

traje de baño

د لامبو پوښاک

bañador

نيكر

shorts

شارټ

chándal

د خغاستي پوښاک

delantal

پيش بند

guante

دستكش

x

vestimenta - پوښاک

botón

بتن

gafa

عینک

brazalete

لاس بند

cadena

غاره کی

anillo

ګوتمه

aro

غوږوالۍ

gorra

خولۍ

percha

کوټ بند

sombrero

خولۍ

corbata

نتایی

cierre a cremallera

خنځير

casco

هیلمیت

tiradores

ترونکی

uniforme escolar

د ښوونخي يونيفارم

uniforme

یونیفارم

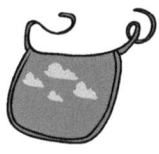

babero

بیب

chupete

گـونګـشی

pañal

نیپي

oficina

دفتر

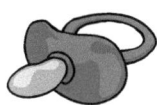

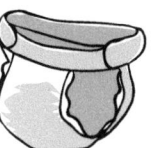

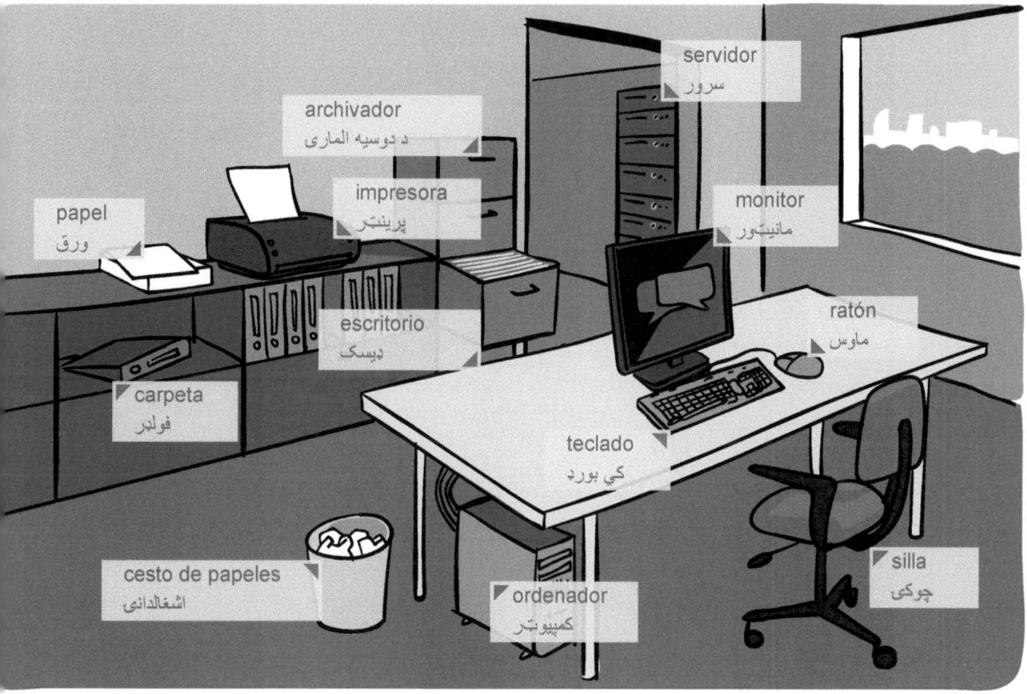

servidor
سرور
archivador
د دوسیه الماری
papel
ورق
impresora
پرینټر
monitor
مانیټور
escritorio
ډیسک
ratón
ماوس
carpeta
فولډر
teclado
کي بورډ
cesto de papeles
اشغالدانی
ordenador
کمپیوټر
silla
چوکی

taza de café

د کافي پیاله

calculadora

کالکولیټر

internet

انټرنیټ

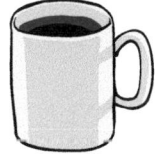

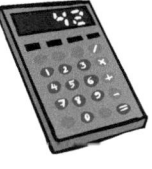

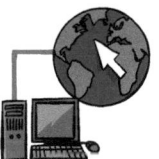

laptop

لپ ‌تاپ

carta

لیک

mensaje

پیغام

teléfono móvil

موبایل

red

نیتورک

fotocopiadora

فوتوکاپیر

software

سافتویر

teléfono

تلیفون

tomacorriente

پلک ساکت

máquina de fax

فکس مشین

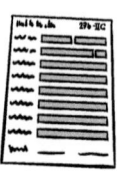

formulario

فارم

documento

سند

comprar

پیرل

pagar

تادیه کول

comerciar

سوداګري کول

dinero

پیسي

dólar

ډالر

euro

یورو

yen

ین

rublo

ربل

franco

سویسي فرانک

renminbi

رینمینبي یوان

rupia

روپۍ

cajero automático

د نغدي پیسو خای

casa de cambio

د اسعارو د تبادلي دفتر

oro

سره زر

plata

سپین زر

petróleo

تیل

energía

انرژي

precio

نرخ

contrato

قرارداد

impuesto

مالیه

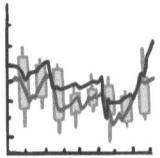

acción

اسهام

trabajar

کار کول

empleado

کارمند

empleador

کار گـومارونکی

fábrica

فابریکه

negocio

پلورنځی

ocupaciones

مسلکونه

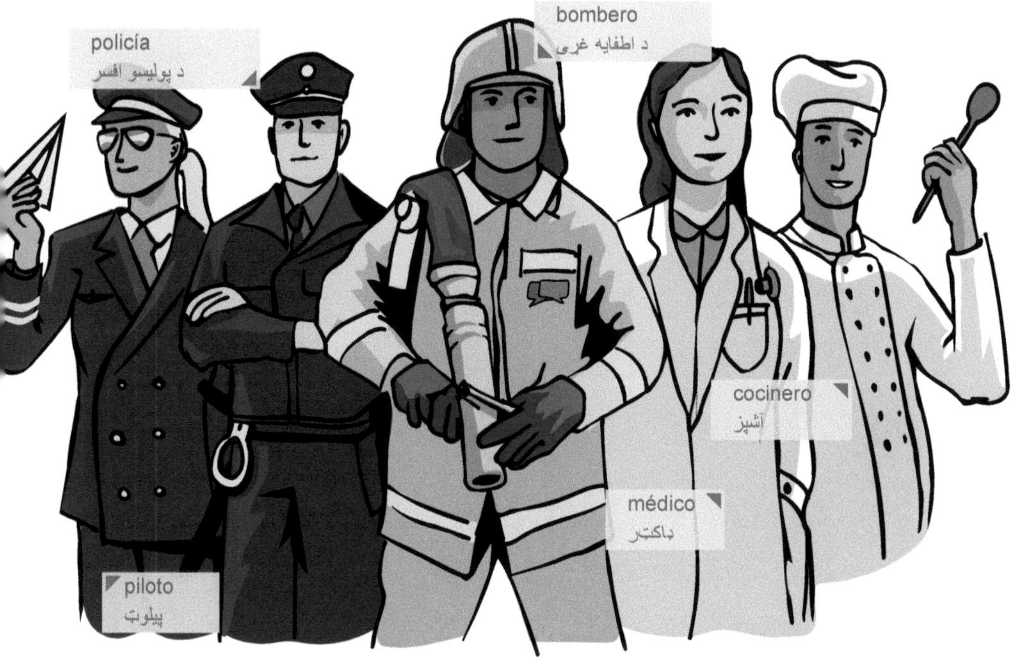

policía
د پولیسو افسر
bombero
د اطفایه غړی
cocinero
آشپز
médico
ډاکټر
piloto
پیلوټ

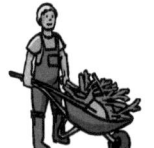

jardinero

باغوان

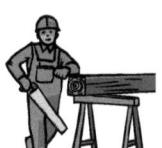

carpintero

نجار

costurera

خیاط

juez

قاضي

químico

کیمیا پوه

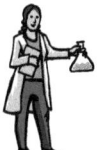

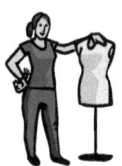

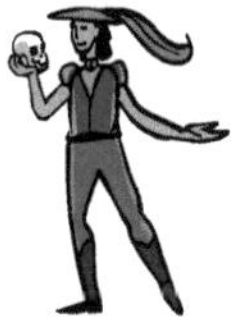

actor

د فلم لوبغاړی

conductor de autobús

د بس ډرایور

taxista

د ټیکسي ډرایور

pescador

کب نیونکی

mujer de la limpieza

خدمه

techista

بام جوړونکی

camarero

پیشخدمت

cazador

ښکاري

pintor

نقاش

panadero

نانوا

electricista

د بریښنا کارکونکی

albañil

تعمیر جوړونکی

ingeniero

انجنیر

carnicero

قصاب

fontanero

نلدوان

cartero

پوست رسونکی

soldado

سرتیری

arquitecto

مهندس

cajero

صراف

florista

ماليار

peluquero

نایی

cobrador

کلیندر

mecánico

میکانیک

capitán

کپتان

odontólogo

د غاښونو ډاکتر

científico

ساینس پوه

rabino

ښاغلی

imam

امام

monje

مذهبي نفر

párroco

پادري

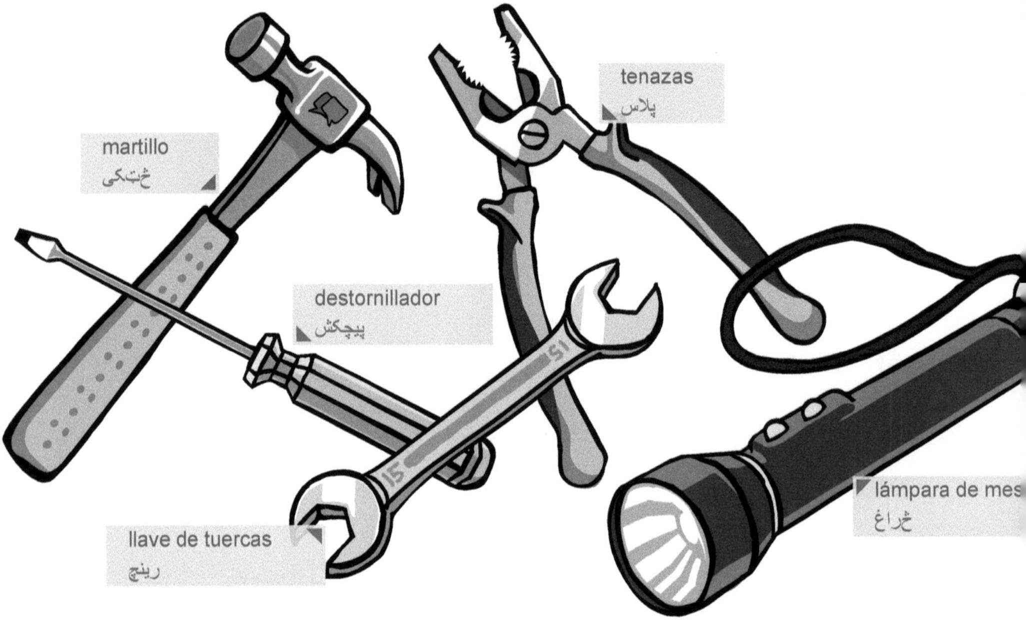

martillo
څټتکی

tenazas
پلاس

destornillador
پیچکش

llave de tuercas
رینچ

lámpara de mes
څراغ

excavadora

کنستونکی

caja de herramientas

د لوازمو بکس

escalerilla

زینه

serrucho

اره

clavos

میخونه

taladro

برمه

reparar

ترمیم کول

pala

بیل

¡Maldición!

لعنت!

recogedor

خاک انداز

lata de pintura

مشوانی

tornillos

پېچونه

instrumentos musicales

د میوزیک آلات

batería
ډرم سیټ

altavoz
لاوډ سپیکر

guitarra
ګیتار

contrabajo
کنترباس

trompeta
ټرومپیټ

piano

پیانو

violín

وايلن

bajo

باس

timbales

نغاره

tambor

درمونه *

teclado

کي بورد

saxofón

سیکسافون

flauta

شپیلی

micrófono

مایکروفون

zoológico
ژوبڼ

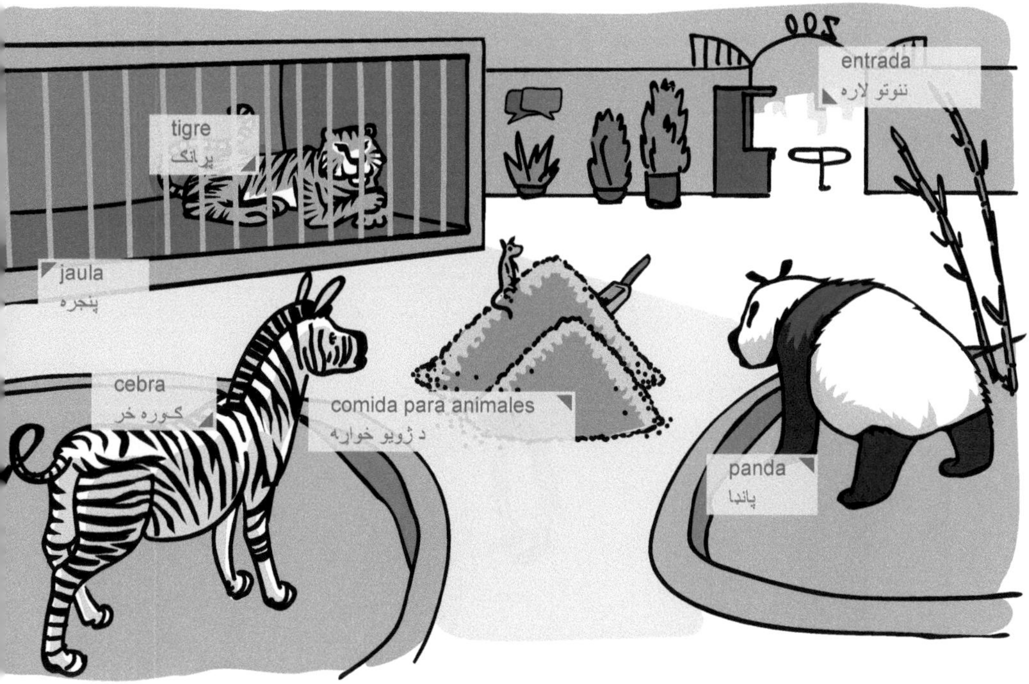

entrada
ننوتو لاره
tigre
پړانګ
jaula
پنجره
cebra
ګوره خر
comida para animales
د ژويو خواړه
panda
پاندا

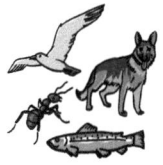

animales

ژوی

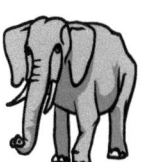

elefante

هاتي

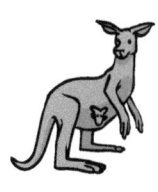

canguro

کنګرو

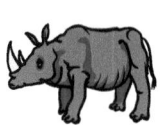

rinoceronte

د اوبو اسپ

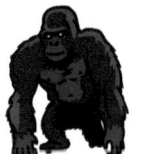

gorila

ګوريلا

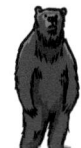

oso

ايږه

camello

اوبٹ

avestruz

ٹترمرغ

león

زمرى

mono

بيزو

flamengo

غزى

papagayo

طوطي

oso polar

قطبي ايږہ

pingüino

پينگوين

tiburón

ٹارک

pavo real

طاوس

serpiente

مار

cocodrilo

تمساح

cuidador del zoológico

ژوبن ساتونکی

foca

سيل

jaguar

جگوار

pony

یابو

leopardo

پلنگ

hipopótamo

هیپو

jirafa

زرافه

águila

باز

jabalí

نرخوک

pescado

کب

tortuga

شمشتی

morsa

سمندري نولی

zorro

گیدره

gacela

هوسی

fútbol americano
امریکایی فټبال

ciclismo
سایکل چلول

tenis
تنیس

baloncesto
باسکیټبال

natación
لامبو

boxeo
باکسینګ

hockey sobre hielo
د کنګل هاکي

fútbol
....
فټبال

badminton
....
کسیزه

atletismo
....
د خغاستی لوبی

balonmano
....
د هندبال

esquí
....
سکي

polo
....
پولو

actividades

فعاليتونه

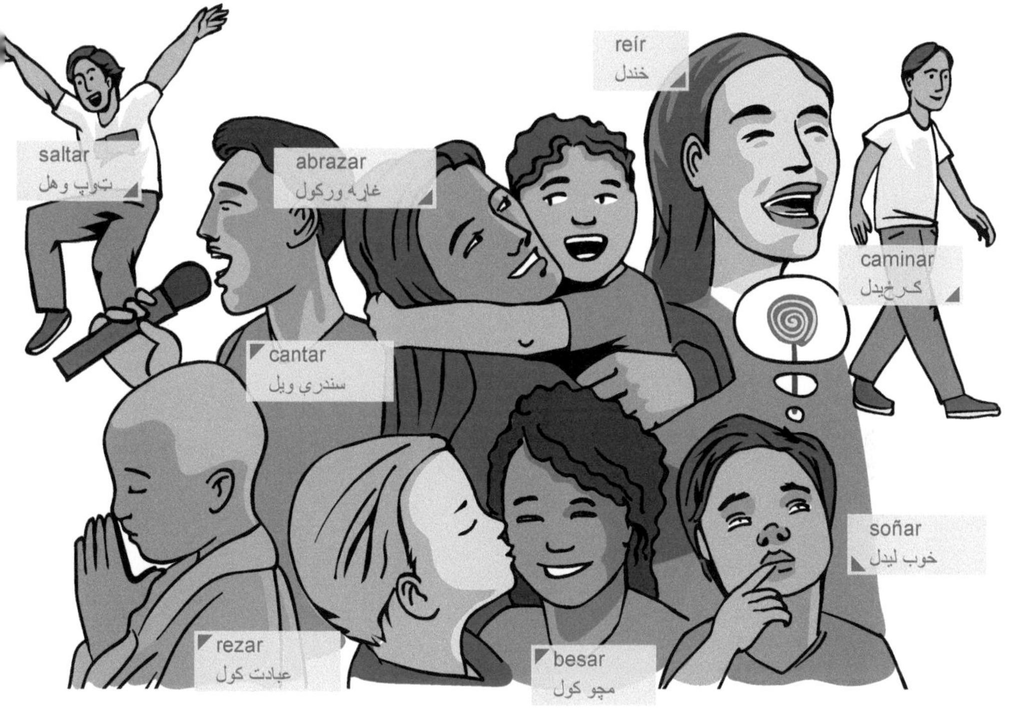

reír
خندل
saltar
ټوپ وهل
abrazar
غاړه ورکول
caminar
ګرځېدل
cantar
سندرې ويل
soñar
خوب ليدل
rezar
عبادت کول
besar
مچو کول

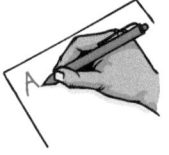

escribir

ليکل

dibujar

کښل

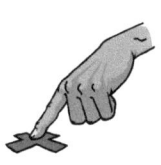

mostrar

ښودل

presionar

ټېله کول

dar

ورکول

tomar

اخيستل

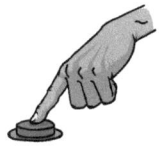

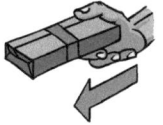

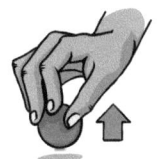

tener

درلودل

hacer

کول

ser

پاييدل

estar de pie

ودريدل

correr

منډي وهل

tirar

راکښل

arrojar

ګوزارل

caer

لوېدل

estar acostado

څملاستل

esperar

انتظار کول

llevar

وړل

estar sentado

کښېناستل

vestirse

پوښاک اغوستل

dormir

وېده کېدل

despertar

پاڅېدل

mirar

کتل

llorar

ژړل

acariciar

بريد کول

peinarse

ګمنځخ کول

conversar

خبري کول

entender

پوهيدل

preguntar

غوښتل

oír

اوريدل

beber

څښل

comer

خورل

asear

پاکول

amar

مينه کول

cocinar

پخلی کول

conducir

موټر چلول

volar

الوتل

navegar

بیری چلول

calcular

حساب

leer

لوستل

aprender

زده کول

trabajar

کار کول

casarse

واده کول

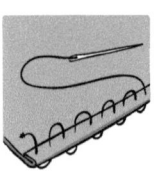

coser

گندل

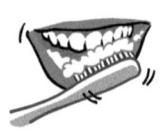

limpiarse los dientes

د غاښونو برس کول

matar

وژل

fumar

سګرت څښل

enviar

لیږل

familia

کورنۍ

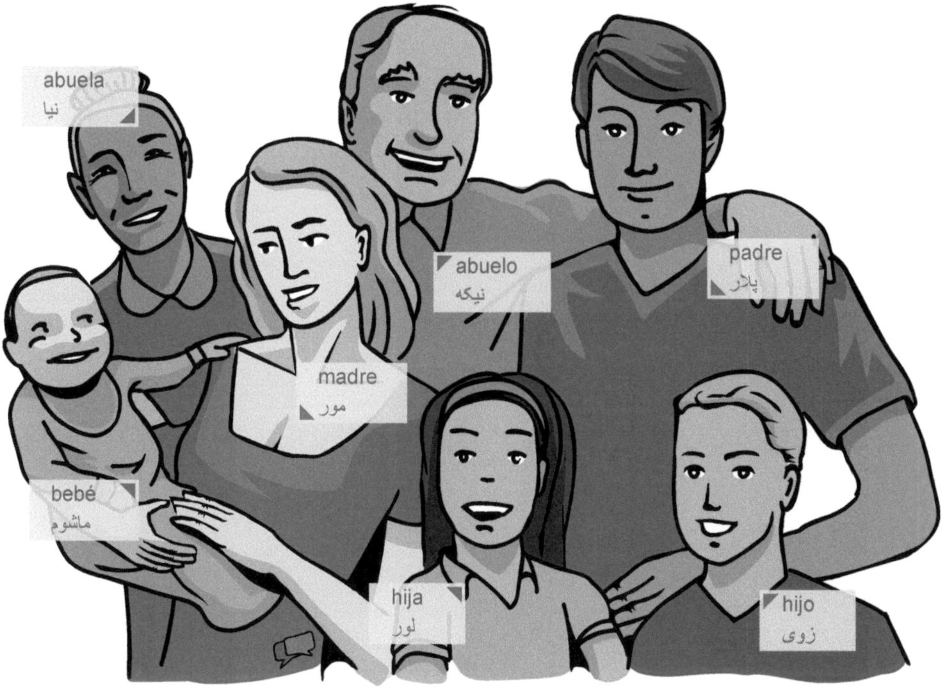
abuela
نیا
abuelo
نیکه
padre
پلار
madre
مور
bebé
ماشوم
hija
لور
hijo
زوی

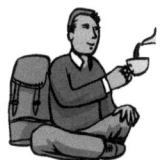

invitado

میلمه

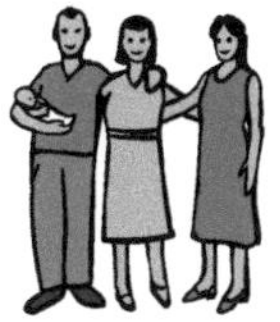

tía

ترور

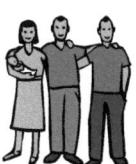

tío

کاکا/ماما

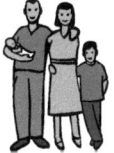

hermano

ورور

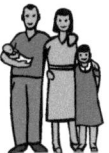

hermana

خور

cuerpo

بدن

frente
تندی
ojo
سترګې
hombro
اوږه
dedo
ګوته
cara
مخ
barbilla
زنه
mano
لاس
pierna
پښه
pecho
سینه
brazo
مټ

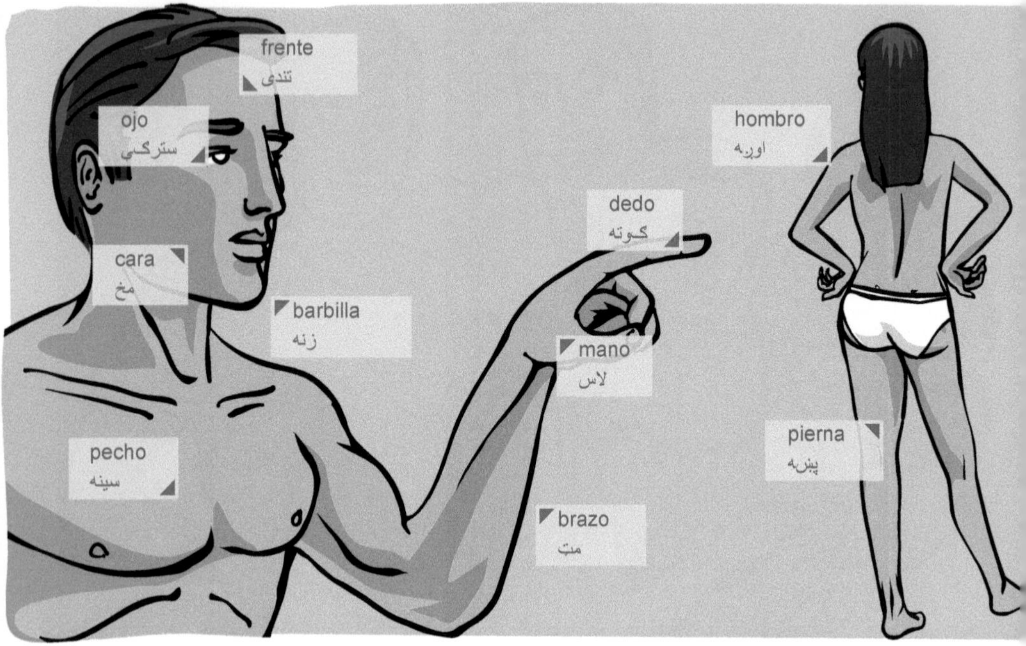

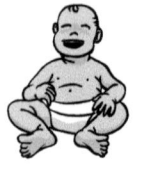

bebé

ماشوم

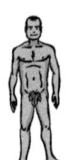

hombre

سړی

mujer

ښځه

muchacha

انجلۍ

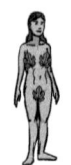

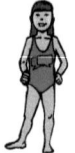

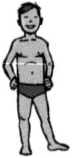

joven

هلک

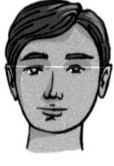

cabeza

سر

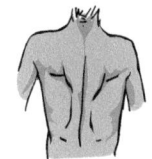

espalda

شا

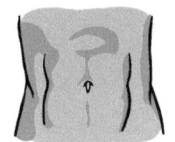

vientre

خیټه

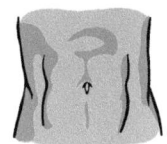

ombligo

نوم

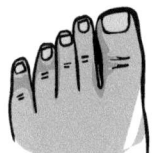

dedo del pie

د پښی کوته

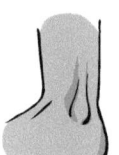

talón

پونده

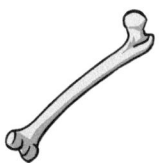

hueso

هډوکی

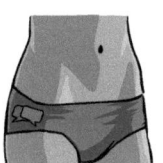

cadera

کوناټی

rodilla

زنګون

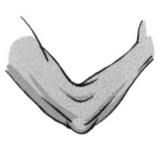

codo

څنګل

nariz

پوزه

trasero

لاندي برخه

piel

پوټکی

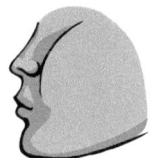

mejilla

غومبوری

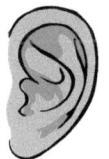

oreja

غوږ

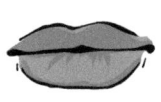

labio

شونډه

boca

خوله

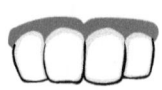

diente

غاښ

lengua

ژبه

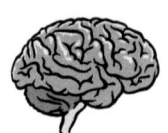

cerebro

مغز

corazón

زړه

músculo

عضله

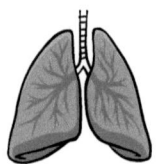

pulmón

سږى

hígado

ځيګر

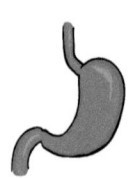

estómago

معده

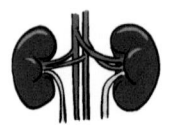

riñones

پښتورګي

relación sexual

جنسي نړدي والى

condón

کاندوم

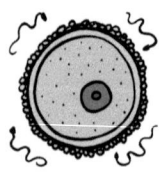

Óvulo

تخمه

esperma

مني

embarazo

حمل

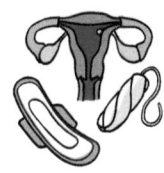

menstruación

حيض

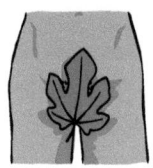

vagina

مهبل

pene

د نارينه تناسلي آله

ceja

وروځى

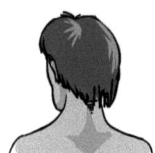

cabello

ويښته

cuello

غاړه

hospital
روغتون

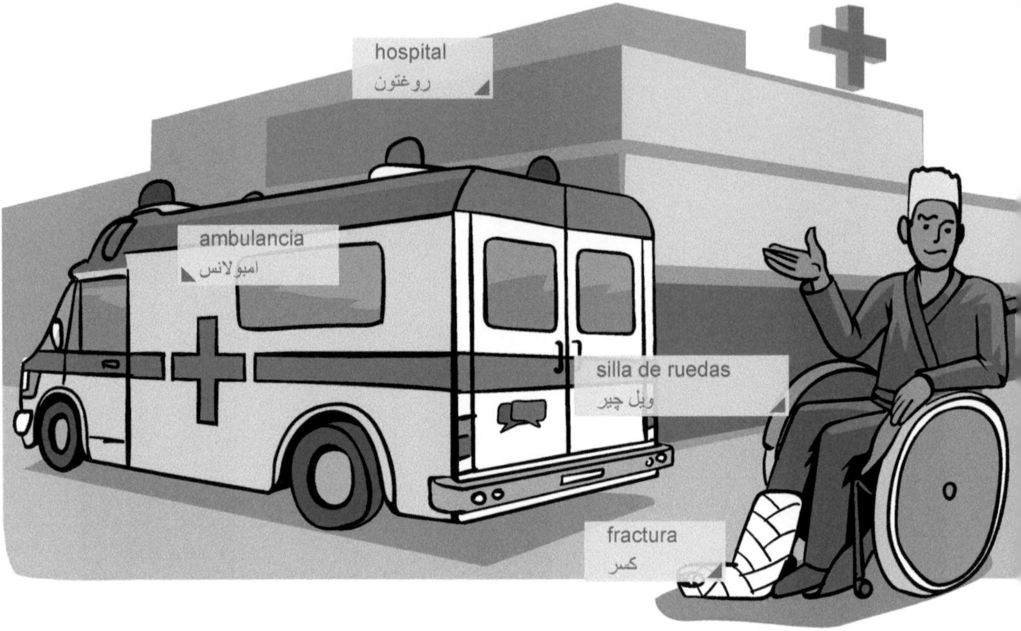

hospital
روغتون
ambulancia
امبولانس
silla de ruedas
ویل چیر
fractura
کسر

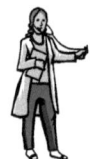

médico

ډاکټر

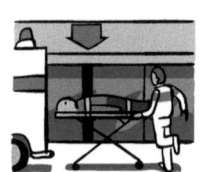

admisión de urgencia

عاجل خونه

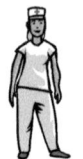

enfermera

رنځورپال

emergencia

عاجل

inconsciente

بي هوش

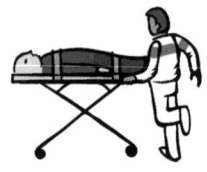

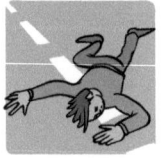

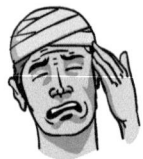

dolor

درد

lesión

بټپ

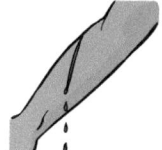

hemorragia

وینه توی‌دل

infarto de miocardio

د زړه حمله

apoplejía cerebral

ضرب

alergia

حساسیت

tos

ټوخی

fiebre

تبه

gripe

انفلوینزا

diarrea

نس ناستی

dolor de cabeza

سر درد

cáncer

سرطان

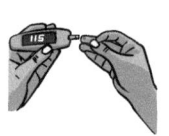

diabetes

شکر

cirujano

جراح

escalpelo

سکالپل

operación

عملیات

TC

سيرتي

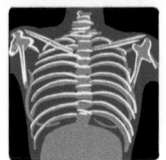

rayos X

ایکس ری

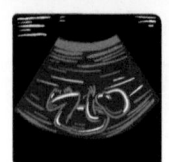

ultrasonido

التراساونډ

máscara

د مخ ماسک

enfermedad

ناروغي

sala de espera

انتظار خونه

muleta

امساﺉ

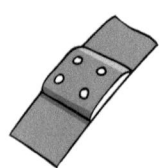

emplasto

پلستر

vendaje

بنداژ

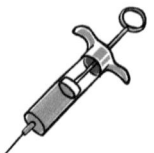

inyección

تزريق

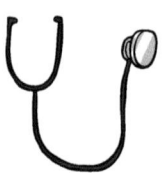

estetoscopio

ستاتسكوپ

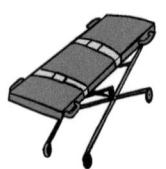

camilla

تسكيره

termómetro

كلينكي ترماميتر

nacimiento

زيږون

sobrepeso

زيات وزن

audífono

د اوريدو مرسته

desinfectante

د عفونيت څخه پاکونکي مواد

infección

عفونيت

virus

ويروس

VIH / SIDA

ايچ.آی.وی/ايډز

medicina

درمل

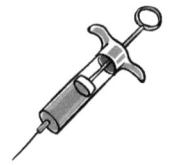

vacunación

واکسين

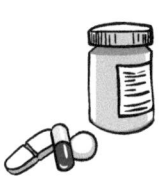

comprimido

ټابليټس

píldora anticonceptiva

کولۍ

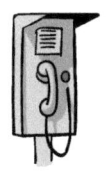

llamada de emergencia

عاجل تليفون

medidor de presión arterial

د ويني د فشار څارونکی

enfermo / saludable

ناروغ/روغ

¡Ayuda!

مرسته!

alarma

الارم

asalto

يرغل

ataque

بريد

peligro

خطر

salida de emergencia

عاجل لاره

¡Fuego!

اور!

extintor

د اور وژونکی

accidente

پیښه

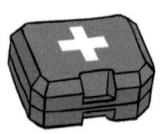

kit de primeros auxilios

د لومړی مرستی لوازم

SOS

ايس.او.ايس

Policía

پوليس

Europa

اروپا

América del Norte

شمالي امريكا

América del Sur

سهيلي امريكا

África

افريقا

Asia

آسيا

Australia

آستريليا

Atlántico

اتلانتيک

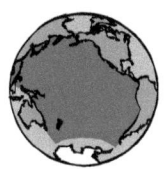

Pacífico

پاسيفيک

Océano Índico

د هند بحر

Océano Antártico

جنوبي منجمد بحر

Océano Ártico

د شمال قطب بحر

Polo Norte

شمالي قطب

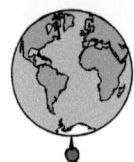

Polo Sur

سهيلي قطب

Antártida

انتٖارکتیکا

Tierra

خُمکه

país

خُمکه

mar

بحر

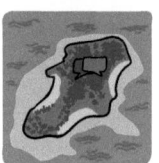

isla

تٖاپو

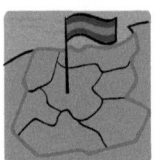

nación

ملت

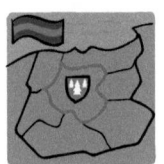

Estado

دولت

cuadrante

د مخي ساعت

horario

د ساعت ستنه

minutero

د دقيقي ستنه

segundero

د ثانيي ستنه

¿Qué hora es?

څه وخت دی؟

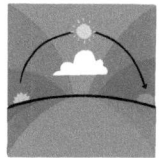

día

ورخ

tiempo

وخت

ahora

اوس

reloj digital

ډيجيتل ساعت

minuto

دقيقه

hora

ساعت

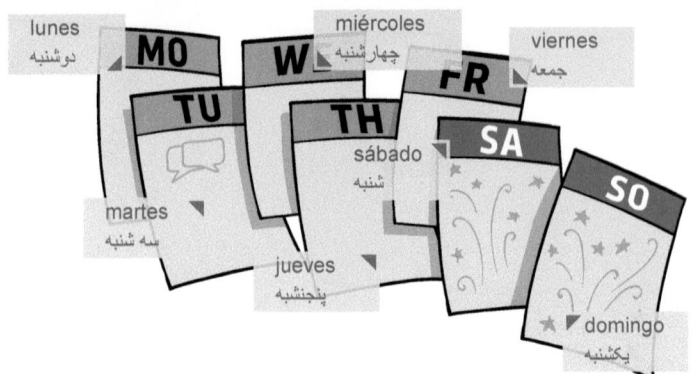

lunes
دوشنبه

miércoles
چهارشنبه

viernes
جمعه

martes
سه شنبه

sábado
شنبه

jueves
پنجشنبه

domingo
یکشنبه

ayer

پرون

hoy

نن

mañana

سبا

mañana

سهار

mediodía

غرمه

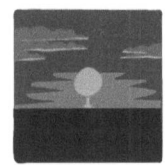

tarde

ماښام

MO	TU	WE	TH	FR	SA	SU
1	2	3	4	5	6	7
8	9	10	11	12	13	14
15	16	17	18	19	20	21
22	23	24	25	26	27	28
29	30	31	1	2	3	4

jornada de trabajo

کاري ورځې

MO	TU	WE	TH	FR	SA	SU
1	2	3	4	5	6	7
8	9	10	11	12	13	14
15	16	17	18	19	20	21
22	23	24	25	26	27	28
29	30	31	1	2	3	4

fin de semana

د اونۍ پای

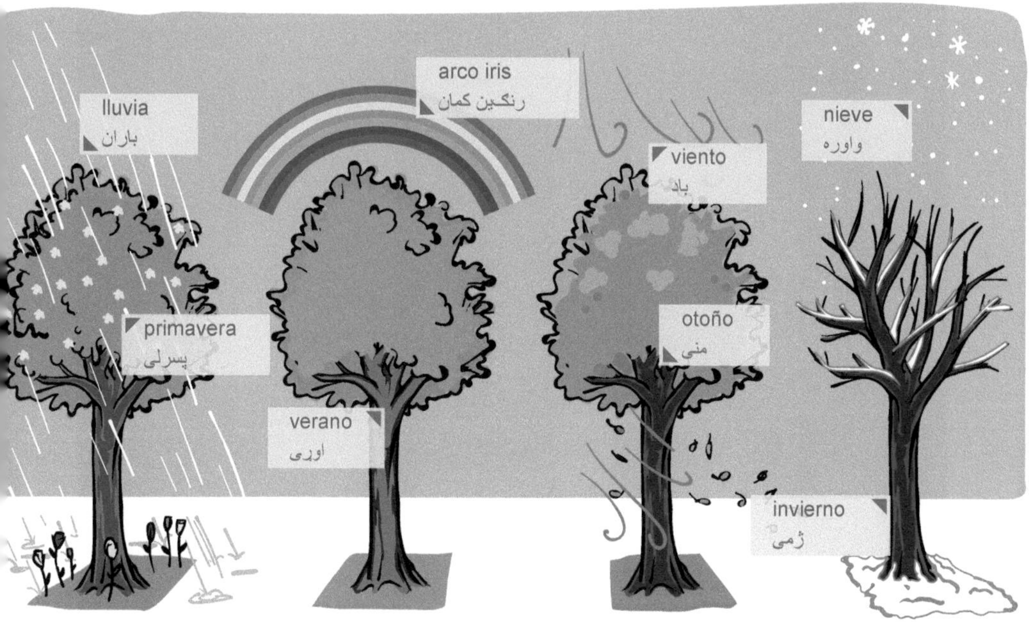

lluvia
باران

arco iris
رنگين کمان

nieve
واوره

viento
باد

primavera
پسرلی

otoño
مني

verano
اوړی

invierno
ژمی

pronóstico meteorológico

د موسم وړاندوينه

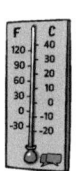

termómetro

ترموميټر

luz solar

د لمر ورانګي

nube

وريخ

niebla

لړه

humedad ambiente

رطوبت

relámpago

رعنا

trueno

تندر

tormenta

توفان

granizo

ژلى وريدل

monzón

مون سون باران

inundación

سيلاب

hielo

يخ

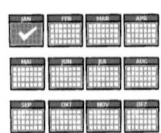

enero

جنوري

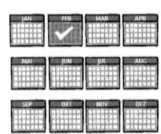

febrero

فبروري

marzo

مارچ

abril

اپرېل

mayo

مى

junio

جون

julio

جولاى

agosto

اګست

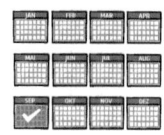

septiembre

سپتمبر

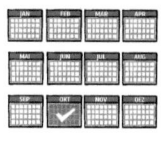

octubre

اکتوبر

noviembre

نومبر

diciembre

دسمبر

formas

شکلونه

círculo

دایره

cuadrado

مربع

rectángulo

مستطیل

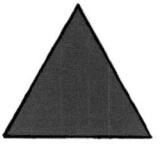

triángulo

مثلث

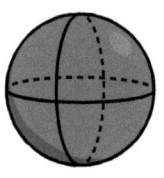

esfera

توپ

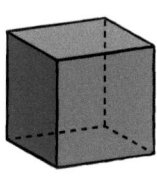

cubo

فال

blanco

سپین

amarillo

ژیړ

anaranjado

نارنجي

rosa

ګلابي

rojo

سور

lila

ارغواني

azul

نیلي

verde

شین

marrón

نسواري

gris

خړ

negro

تور

mucho / poco

خورا ډیر/خورا لږ

enojado / calmado

قار/ارام

bonito / feo

ښکلی/بدشکله

comienzo / fin

پیل/پای

grande / pequeño

لوی/کوچنی

claro / oscuro

روښانه/تیاره

hermano / hermana

ورور/خور

limpio / sucio

پاک/ککړ

completo / incompleto

مکمل/نامکمل

día / noche

ورځ/شپه

muerto / vivo

مړ/ژوندی

ancho / angosto

پراخه/نرى

disfrutable / no disfrutable

د خوراک ور/نه خورل کیدونکی

malo / amigable

بد/مهربان

excitado / aburrido

پاریدلی/بی خونده

gordo / delgado

چاق/وچ

primero / último

لومړی/وروستی

amigo / enemigo

ملګری/دښمن

lleno / vacío

ډک/تش

duro / suave

سخت/نرم

pesado / liviano

دروند/سپک

hambre / sed

لوږه/تنده

enfermo / saludable

ناروغ/روغ

ilegal / legal

غیرقانوني/قانوني

inteligente / tonto

هوښیار/ساده

izquierda / derecha

کین/ښیی

cercano / lejano

نژدې/لرې

nuevo / usado

نوی/زوړ

nada / algo

هیڅ/یوڅه

viejo / joven

بوډا/ځوان

encendido / apagado

چالان/بند

abierto / cerrado

خلاص/تړلی

bajo / fuerte

غلي/لوړ غږ

rico / pobre

بډایه/غریب

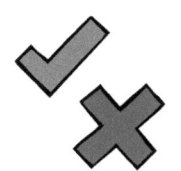

correcto / incorrecto

صحیح/غلط

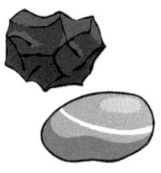

áspero / liso

زبر/ملایم

triste / alegre

خفه/خوش

breve / extenso

لنډ/اوږد

lento / veloz

سست/ګړندی

mojado / seco

لوند/وچ

caliente / frío

ګرم/یخ

guerra / paz

جګړه/سوله

0

cero

صفر

1

uno

يو

2

dos

دوه

3

tres

دري

4

cuatro

څلور

5

cinco

پنځه

6

seis

شپږ

7

siete

اوه

8

ocho

اته

9

nueve

نهه

10

diez

لس

11

once

يولس

12
doce

سلود

13
trece

سليارد

14
catorce

سلراوڅ

15
quince

سلڅدپ

16
dieciséis

سراپش

17
diecisiete

سلوو

18
dieciocho

سلڼتا

19
diecinueve

سلون

20
veinte

لش

100
cien

لس

1.000
mil

رز

1.000.000
millón

نويليم

inglés

انګلسي

inglés estadounidense

امریکایی انګلسي

chino mandarín

چینایی مندرین

hindi

هندي

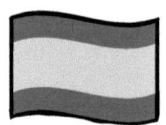

español

هسپانوي

francés

فرانسوي

árabe

عربي

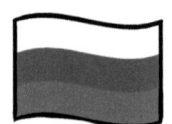

ruso

روسي

portugués

پرتګالي

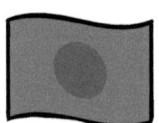

bengalí

بنګالي

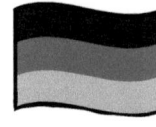

alemán

آلماني

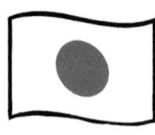

japonés

جاپاني

yo

زه

tú

ته

él / ella

هغه/د غه/دا

nosotros

موږ

vosotros

تاسي

ellos

دوی/هغوی

¿quién?

څوک؟

¿qué?

څه؟

¿cómo?

څنګه؟

¿dónde?

چيري؟

¿cuándo'?

کله؟

nombre

نوم

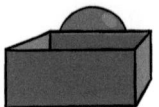

detrás

شاته

en

په

delante de

په مخه کي

encima de

باندي

sobre

په

debajo de

لاندي

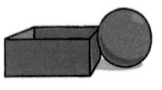

junto a

برسيره پر

entre

ترمينځ

lugar

ځای